LE MARIAGE

DE MADEMOISELLE DE MONTPENSIER

AVEC

LE COMTE DE LAUZUN

PAR

LE COMTE DE COSNAC (GABRIEL-JULES)

BESANÇON

IMPRIMERIE ET LITHOGRAPHIE DODIVERS ET Cⁱᵉ.

1886

LE MARIAGE

DE MADEMOISELLE DE MONTPENSIER

AVEC

LE COMTE DE LAUZUN

Un des événements de la cour de Louis XIV qui eut le plus de retentissement par la surprise de la nouvelle et par la surprise du dénoûment fut le mariage annoncé et presque aussitôt rompu de mademoiselle de Montpensier avec le comte de Lauzun. Madame de Sévigné, dans sa lettre à M. de Coulanges (1), a retracé dans un style inimitable l'effet qui fut produit ; la réalité lui semblait tenir de si près à l'illusion qu'elle la qualifiait : « une chose qui se fera dimanche et qui ne sera peut-être pas faite lundi. » Cette incrédulité fut confirmée, le roi retira l'autorisation qu'il avait donnée et Voltaire a pu écrire avec raison : « On le blâma de l'avoir permis, on le blâma de l'avoir défendu (2). » Par ce revirement si subit, Louis XIV était sorti de la pondération ordinaire de son caractère , comme l'opinion publique règne au-dessus des princes même les plus absolus, il sentit la nécessité d'expliquer sa conduite, surtout vis-à-vis des cours étrangères, et il adressa à ses ministres accrédités auprès d'elles une lettre dont nous avons trouvé la minute

---

(1) Lettre datée de Paris, le 15 décembre 1670.
(2) *Siècle de Louis XIV.*

aux archives du Ministère des affaires étrangères (1).
L'histoire n'a pas attaché à cette lettre sa réelle im-
portance, elle en a peu parlé, elle l'a encore moins
commentée ; cette sorte d'indifférence nous fit croire
d'abord que si l'existence de la lettre était connue, le
texte n'en avait pas été publié. Nous nous sommes
bientôt convaincu du contraire, la publication en avait
été faite pour la première fois en 1672 dans un petit
roman presque entièrement d'invention, les *Amours
de Mademoiselle*, inséré dans l'*Histoire amoureuse des
Gaules* (2), et placé depuis par quelques éditeurs, no-
tamment par M. Chéruel, en 1859, aux appendices des
Mémoires de cette princesse. Nous avons immédiate-
ment remarqué, grâce à la minute que nous avions
découverte, que la publication de la lettre royale était
défectueuse parce qu'elle n'avait pas évidemment été
faite sur le texte original ; les phrases sont modifiées,
nombre de mots sont ajoutés ou supprimés ; notam-
ment dans l'édition de M. Chéruel nous avons constaté
quarante-deux altérations (3). Conrart s'était procuré
une copie qui fait partie de ses manuscrits conservés à
la bibliothèque de l'Arsenal (4) ; elle se rapproche davantage du texte de la minute ; mais les altérations y
sont nombreuses encore. Il y a donc un intérêt à
donner le texte exact et un intérêt également considé-
rable à donner de cette lettre un commentaire que
l'histoire avait négligé.

Voici le texte de cette lettre d'après la minute du
Ministère des affaires étrangères :

---

(1) *France*, vol. 192.

(2) Par le comte de Bussy-Rabutin.

(3) Nous ne donnerons pas l'énumération trop longue de ces
altérations, contentons-nous de signaler celle qui concerne
l'âge de Mademoiselle, quarante-cinq ans, tandis que l'âge in-
diqué dans la minute des *Affaires étrangères* est quarante-trois
ans ; ce qui était son âge véritable.

(4) Tome XI, in-f°, p. 949.

LETTRE

du roi à ses ministres à l'étranger.

« Comme ce qui s'est passé depuis cinq ou six jours
» sur un dessein que ma cousine de Montpensier avait
» formé d'épouser le comte de Lausun, l'un des capi-
» taines des gardes de mon corps, fait sans doute
» quelque éclat partout et que la conduite que j'ay te-
» nue pourroit estre malignement interprétée et
» blasmée parmy ceux quy n'en seroient pas informés,
» j'ay cru en devoir instruire tous mes ministres quy
» seroient au dehors.

» Il y a environ dix ou douze jours que ma cousine
» n'ayant pas la hardiesse de me parler elle mesme
» d'une chose qu'elle connoist bien me devoir infini-
» ment surprendre, m'escrit une grande lettre pour me
» déclarer la résolution qu'elle disoit avoir prise de se
» marier, me suppliant par toutes les raisons dont elle
» peut s'aviser de vouloir y donner mon consen-
» tement, et me conjurant cependant jusqu'à ce qu'il
» m'eût pleu de l'agréer, d'avoir la bonté de ne luy
» en point parler devant la Reyne mon épouse. Par
» un billet que je luy escrivis, fut que je luy de-
» mandois d'y bien penser et surtout de ne rien préci-
» piter dans une affaire de cette nature, qui pourroit
» estre suivie d'un long repentir. Je me contentois de
» ne luy rien dire davantage espérant de pouvoir
» mieux faire de vive voix, et, avec tant de bonnes
» considérations que j'avois à luy respréscnter, la ra-
» mener par la douceur à changer de sentiments. Elle
» continua néantmoings par de nouveaux billets, et
» par toutes les autres voyes quy luy pouvaient tom-
» ber dans l'esprit, à me presser vivement de luy don-
» ner ce consentement qu'elle demandait comme la
» chose, disait-elle, quy pouvoit faire le repos et la dou-
» ceur de sa vie; comme un refus la rendrait la plus mal-
» heureuse créature quy fust sur la terre. Enfin voyant

» qu'elle avançait fort peu à son gré dans sa poursuite,
» et après avoir trouvé moyen d'intéresser dans sa pen-
» sée la principale noblesse de mon royaume, elle et
» le comte de Lausun me détachèrent quatre personnes
» de ceste première noblesse qui furent : les ducs de
» Créquy et de Montauzier, le maréchal d'Albret, et
» le marquis de Quittry, grand maistre de ma garde-
» robe, pour me venir représenter : qu'après avoir
» consenty au mariage de ma cousine de Guise, non
» seulement sans luy faire difficulté, mais avec plaisir,
» si je résistois à celuy que sa sœur souhaittoit sy ar-
» demment, je faisois connaître évidemment au monde
» que je mettois une très grande différence entre les
» cadets issus des maisons souveraines et les officiers
» de ma couronne. ce que l'Espagne ne faisoit point,
» au contraire elle préféroit les grands à tous les
» princes étrangers, et qu'il estoit impossible que cette
» différence ne mortifiast extrêmement toute la no-
» blesse de mon royaume. Ils m'alléguèrent ensuite
» qu'ils avoient en leur faveur plusieurs exemples non
» seulement des princesses du sang royal quy ont fait
» l'honneur à des gentilshommes de les espouser,
» mais même des reynes douairières. Pour conclusion
» ces instances furent si pressantes, leurs raisons sy
» persuasives sur le principe de ne pas désobliger la
» noblesse française que je me rendis à la fin à donner
» un consentement du moins tacite au mariage, haus-
» sant les espaulles d'estonnement sur l'emportement
» de ma cousine, et disant seulement qu'elle avait qua-
» rante trois ans, et qu'elle pouvoit faire ce quy luy
» plairoit.

« Dès ce moment l'affaire fut tenue pour conclue ;
» on commença à en faire les préparatifs. Toutte la
» cour fut rendre ses respects à ma cousine et en fist
» des complimens au comte de Lausun. Le jour sui-
» vant il me fut rapporté que ma cousine avait dit à
» diverses personnes qu'elle faisoit ce mariage parce-
» que je l'avois voulu. Je la fis appeler et ne luy vou-
» lant point parler qu'en présence des témoings qui

» furent le sieur de Montauzier, les sieurs le Tellier,
» de Lionne et de Louvoy, n'en ayant point trouvé
» d'autres soubz la main, elle désavoua fortement d'a-
» voir jamais tenu de pareils discours, et m'assura au
» contraire qu'elle avait tesmoigné et tesmoignait à tout
» le monde qu'il n'y avoit rien de possible que je
» n'eusse fait pour luy oster ce dessein de l'esprit et
» pour l'obliger à changer de résolution. Mais hier, m'es-
» tant venu de divers endroits que la pluspart des gens
» se mettoient une opinion en teste quy m'estoit fort in-
» jurieuse, que touttes les résistances que j'avois ap-
» portées n'estoient qu'une feinte et une comédie, et
» qu'en effet j'aurois esté bien aise de procurer un
» grand advantage au comte de Lausun que chacun
» croit que j'ayme et que j'estime beaucoup, comme
» il est vray, je me résolus d'abord, y voyant ma gloire
» si fortement intéressée, de rompre ce mariage et de
» n'avoir plus de considération ny pour la satisfaction
» de la princesse, ny pour la personne du comte à
» quy je peux et je veux faire d'autres biens.

« J'envoyay appeler ma cousine, je lui déclaray que
» je ne souffrais pas qu'elle passast outre à faire ce
» mariage; que je ne consentirois non plus qu'elle es-
» pousast aucun prince de mes sujets; mais qu'elle
» pouvoit choisir dans toutte la noblesse qualifiée de
» France quy elle voudroit hors le seul comte de Lau-
» sun, et que je la mennerois moy-mesme à l'esglise.

« Il est superflu de dire avec quelle douleur elle re-
» ceut la chose, combien elle répandit de larmes, et
» de sanglots. Elle se jetta à genoux comme sy je luy
» avois donné cent coups de poignard dans le cœur.
» Elle me vouloit esmouvoir; je résistoy à tout, et
» après qu'elle fut sortie, je fis entrer le duc de Créquy
» et le marquis de Quitry, le duc de Montauzier et le
» mareschal d'Albret ne s'estant pas trouvés, je leur
» déclaray mon intention pour la dire au comte de
» Lausun, auquel ensuite je la fis entendre, et je puis
» dire qu'il la reçut avec toute la constance et la sou-
» mission que je pouvois désirer. »

Cette lettre expose exactement les faits tels qu'ils s'étaient passés, ils avaient eu d'ailleurs trop de témoins pour qu'il fût possible de les dissimuler ; mais elle dissimule les motifs du retrait de l'autorisation accordée au mariage de Mademoiselle avec le comte de Lauzun. Il était en effet plus facile d'altérer sur ce point la vérité et il y avait intérêt à le faire parce que les motifs n'étaient pas avouables. Cette lettre qui manque de sincérité, adressée à des agents diplomatiques, peut donc être qualifiée à juste titre de lettre diplomatique.

Mademoiselle n'eut pas connaissance du contenu exact de cette lettre, ainsi que le prouve la manière dont elle l'apprécie dans ses *Mémoires* : « Les ministres conseillèrent au roi d'écrire une lettre à tonts les ambassadeurs qu'il avoit dans les pays étrangers, pour leur donner part des raisons qu'il avoit eues de rompre mon affaire. Celui qui la proposa, bien qu'il y fît mettre des honnêtetés pour M. de Lauzun, ne laissa pas de voir qu'elle lui seroit désavantageuse : et ce n'étoit qu'à cette intention qu'elle fut envoyée, bien que l'intention du roi fut très bonne. »

Mademoiselle de Montpensier, dite la *grande Mademoiselle*, fille de Gaston, duc d'Orléans, frère de Louis XIII, et de Marie de Bourbon, duchesse de Montpensier, était arrivée à l'âge de quarante trois ans sans qu'aucun des nombreux mariages dont il avait été question pour elle fût jamais arrivé à se conclure. D'abord elle aurait voulu épouser le roi ; mais son ambition inconsidérée lui fit, suivant l'expression du cardinal Mazarin, *tuer son mari*, lorqu'au combat du faubourg Saint-Antoine elle fit tirer le canon de la Bastille sur les troupes royales ; elle voulait ensuite épouser le prince de Condé dont la femme Clémence de Maillé, toujours mourante, n'en survécut pas moins à son mari ; elle eût songé à épouser Monsieur, frère du roi ; nous ne parlerons pas de divers projets de mariage avec Charles II, roi d'Angleterre, et autres princes étrangers ; la politique royale, par de secrets obstacles, faisait avorter tous les projets dans la crainte, si la princesse se mariait en France, de créer un sujet dangereux ; si elle se mariait au dehors, de susciter un rival trop puissant. Il se présenta par exception un mariage à l'étranger auquel la cour voulut pousser vivement la princesse, un mariage avec Henri VI, roi de Portugal, dans le but d'abaisser la puissance de l'Espagne ; mais Mademoiselle refusa obstinément un prince en tous points indigne de sa main ; elle paya son refus de dix-huit mois d'exil dans son château de Saint-Fargeau.

Mademoiselle voyant qu'elle ne pouvait compter désormais ni sur le roi, ni sur ses ministres, pour faire un mariage assorti à son rang, résolut de se marier suivant son cœur ; celui-ci parla en faveur du comte de Lauzun, favori du roi, que ses fonctions de capitaine des gardes lui permettaient de voir à chaque instant. Lauzun ne tarda pas à s'apercevoir des sentiments de Mademoiselle à son égard ; il mit toute son adresse à les enflammer davantage en paraissant ne pas y croire et en obligeant ainsi la princesse à prendre l'initiative d'une déclaration. L'un et l'autre résolurent donc de s'épouser ; mais le grand obstacle à surmonter était d'obtenir l'agrément du roi. La lettre que l'on vient de lire indique suffisamment la marche suivie pour obtenir ce consentement ; mais nous avons à exposer les raisons vraies du retrait de l'autorisation donnée.

Lorsque le roi avait permis le mariage, il n'avait cédé qu'avec peine aux sollicitations de Mademoiselle et de la noblesse ; il lui avait fallu surmonter l'opposition déchaînée de tous les princes de sa maison ; le duc d'Orléans, le prince de Condé, songeaient à obtenir, qui par succession, qui par mariage, l'immense fortune de Mademoiselle ; la reine elle-même, qui ne se mêlait jamais de rien, intervint cette fois et ne rougit pas de dire à la princesse : « Vous feriez bien mieux de ne vous pas marier et de garder votre bien pour M. d'Anjou (1). Quant à madame de Montespan qui avait ses raisons pour garder des mesures avec Lauzun, elle se montrait ouvertement favorable au mariage ; en secret elle lui était opposée ; elle avait aussi ses vues dévoilées plus tard. Dans de telles conjonctures une grande promptitude s'imposait pour célébrer le mariage, afin de ne pas donner à un revirement le temps de se produire ; le duc de Montausier en avait donné le conseil à Mademoiselle et au comte de Lauzun. La hâte apportée ne fut pas assez grande, non que Lauzun, par vanité, ainsi que l'ont prétendu madame de Caylus, le duc de Saint-Simon, le marquis de Sourches (2), Voltaire et quelques autres, eût voulu qu'il fût célébré avec pompe, à la messe même du roi ; mais parce qu'un magistrat, Boucherat, qui fut depuis chancelier de France, trempait dans l'intrigue des opposants, en apportant à la rédaction du contrat de mariage des lenteurs calculées. Lauzun s'appelait déjà M. de Montpensier, Mademoiselle ayant commencé par lui donner le duché de ce nom ; mais Boucherat élevant des objections à la donation dans le contrat de tous ses biens à son futur époux, la princesse lui répètait que du moment qu'elle donnait sa personne, le reste n'était rien. Le contrat fut cependant rédigé, mais il fallut trois jours. Pendant ce temps Mademoiselle s'était occupée de la recherche d'une chapelle particulière pour la célébration de son mariage et avait fait choix de celle de la maréchale de Créquy, à Charenton. Tout était prêt ; lorsque la défense du roi de passer outre, semblable à un coup de foudre, vint tout anéantir.

On vient de voir que des motifs intéressés de la part des princes étaient l'unique cause de ce revirement ; la grande fortune de Mademoiselle était destinée à faire son malheur. De pareils motifs n'auraient pu s'a-

---

(1) *Mémoires de Mademoiselle de Montpensier..* Le duc d'Anjou, alors en bas âge mourut, peu de temps après.

(2) Voyez ses *Mémoires* que nous publions, T. 1, p. 49.

vouer sans honte ; il fallut en inventer un, lequel non-
seulement put s'avouer ; mais qui pût même faire
quelque honneur au roi, c'est pourquoi la lettre déclare
que le monarque n'a pas voulu sacrifier sa cousine à
son amitié pour son favori. Vainement tous les faits
se dressaient pour démentir l'assertion d'une violence
qui aurait été faite à Mademoiselle ; vainement le dé-
sespoir de cette princesse, ses paroles et ses écrits éta-
blissaient la preuve éclatante du contraire ; à défaut
d'une raison vraie, il fallait un prétexte, et le prétexte
fut maintenu.

Nous ne saurions terminer sans tâcher de résoudre
la question de l'époque où dut avoir lieu le mariage
secret de Mademoiselle avec Lauzun, ce mariage lui-
même ne pouvant faire l'objet d'aucun doute ; l'atti-
tude dans la suite de Lauzun auprès de la princesse,
ses séjours au château d'Eu en fournissent la preuve.
Les uns ont voulu placer cette époque avant l'emprisonnement de Lauzun, les autres après cet emprisonnement. Les motifs mêmes de cet emprisonnement de-
mandent à être appréciés au point de vue de la lettre
du roi à ses ministres à l'étranger.

Après la défense apportée à son mariage, Made-
demoiselle éclata en emportements, Lauzun, plus me-
suré en apparence n'en fit pas moins des scènes à Madame de Montespan qu'il soupçonnait de trahison.
Dans un voyage que fit la cour, en 1671, avec grand
apparat, sur les frontières du nord, Lauzun commit
plusieurs imprudences. Il refusa le bâton de Maréchal
de France que le roi voulait lui donner comme fiche
de consolation, en disant qu'il l'accepterait lorsqu'il
l'aurait mérité, fournissant ainsi à Louvois qui le dé-
testait de nouvelles armes contre lui ; il se glissa sous
le lit du roi pour mieux s'assurer de la trahison de
madame de Montespan, et, se montrant, il accabla
celle-ci de reproches lorsque le roi fut parti. Lauzun
continuait à faire ostensiblement une cour assidue à
Mademoiselle ; pour y mettre fin, on voulut faire in-
tervenir la religion en députant Guilloire et Segrais

à l'archevêque de Paris (1), afin qu'il fît un cas de conscience à Mademoiselle de la continuation de ses rapports avec Lauzun ; mais le prélat leur déclara qu'il ne lui en parlerait que si elle le consultait. Cet échec fit naître la crainte que cette assiduité ne fût suivie d'un mariage secret avant que des mesures n'eussent été prises pour empêcher Lauzun de devenir possessseur des biens de la princesse. On eut alors recours à un moyen décisif, et, la perte de Lauzun fut résolue afin d'empêcher ce mariage, et non point parcequ'il avait été consommé, ainsi que le prétend le marquis de la Fare (2). Voltaire assure également que ce mariage secret avait été contracté avant l'arrestation de Lauzun (3), et qu'il suffit pour en être convaincu de lire les *Mémoires* de Mademoiselle qui sont un aveu involontaire de ce qu'elle ne veut pas dire. On va voir à quel point ces assertions sont peu fondées, et combien peu les *Mémoires* de cette princesse se prêtent à une pareille interprétation. Sans qu'aucun motif fût allégué, dès le retour de la cour à Fontainebleau, Lauzun fut arrêté par ordre du roi, et conduit par d'Artagnan, lieutenant des mousquetaires, au château de Pignerol. Cette arrestation eut lieu le 25 novembre 1671, jour de la fête de Sainte-Catherine, ainsi que le remarque tristement Mademoiselle dans ses *Mémoires*. La preuve suffisante que le mariage secret n'était pas alors accompli se trouve dans cette phrase de la princesse : « C'étoit une journée aussi remarquable et aussi sensible pour moi que celle du 1er de décembre de l'année précédente ; Dieu veuille m'en donner une troisième capable de me faire oublier les maux et les chagrins que ces deux m'ont procuré et me donnent encore ! » Donc cette troisième journée tant souhaitée

---

(1) Ils remplissaient l'un et l'autre des fonctions dans la maison de Mademoiselle ; la princesse informée qu'ils trahissaient ses intérêts, les renvoya.

(2) Voy. ses *Mémoires*.

(3) *Siècle de Louis XIV*.

n'était qu'en espérance et elle devait se faire attendre bien longtemps encore. Une autre preuve que la princesse n'était pas mariée se trouve dans cet autre passage de ses *Mémoires* : « Il me dit (d'Artagnan) qu'il avait laissé M. de Lauzun à Pignerol, en bonne santé. Si j'avais été capable de sentir quelque joie, cette nouvelle m'en auroit donné, parce que bien des gens avaient affecté de faire courir dans le monde qu'il était affecté d'une maladie extraordinaire, dont on avait pris grand soin de me faire informer. » Enfin d'Artagnan racontait que Lauzun lui avait exprimé l'espoir que Mademoiselle n'écouterait jamais les propositions de mariage qui lui étaient faites alors pour le duc de Longueville, ni pour aucun autre.

Dès ce moment Mademoiselle n'eut qu'un but pour le succès duquel elle fit le pénible effort de demeurer à la cour : obtenir la liberté du comte de Lauzun. Afin de réussir plus sûrement, elle rechercha l'amitié de madame de Montespan ; c'était un piège préparé à l'avance dans lequel on comptait qu'elle se jetterait. Il s'agissait toujours de sa grande fortune que l'on voulait saisir dans les mailles d'un filet. On insinua à Mademoiselle que le succès lui serait assuré si elle faisait au duc du Maine la donation d'une partie de ses biens. Ce fils du roi et de madame de Montespan avait été légitimé sans nommer la mère, ce qui était contraire aux lois ; mais la mère étant mariée, on ne pouvait la nommer. Une planche avait été jetée quelque temps auparavant sur cet obstacle, afin de le franchir après qu'un autre y aurait passé. Le duc de Longueville tué au passage du Rhin sans avoir été marié, avait reconnu par son testament un fils naturel qu'il avoit eu de la maréchale de la Ferté ; Louis XIV avait exigé que cette reconnaissance fût enregistrée par le parlement, sans nommer la mère. Ce corps enregistra, d'après ce précédent, la reconnaissance du duc du Maine. Il ne s'agissait plus que d'assurer une dotation au nouveau prince ; la constitution d'un apanage eût causé trop de scandale, la fortune de Mademoiselle devait y suppléer.

Mademoiselle ne put faire autrement que d'accepter
un marché dont les conditions lui étaient imposées par
de plus puissants qu'elle, et dit dans ses *Mémoires* : « Enfin je me résolus de le faire mon héritier (le duc du
Maine) pourvu que le roi consentit à faire revenir
M. de Lauzun et que je l'épousasse. » La princesse si-
gna en conséquence la donation au duc du Maine du
comté d'Eu et de la principauté de Dombes. On avait
recommandé à la princesse de ne pas marchander, afin
que le roi pût dire ; « Ma cousine en use d'une façon
avec moi que je ne peux lui rien refuser. » Le roi fut
très sobre de remercîments vis-à-vis de Mademoiselle,
il lui dit seulement qu'il se chargerait d'apaiser le mécontentement qu'éprouveraient le duc d'Orléans et le
prince de Condé. Parole fut tenue à Mademoiselle en
ce qui concernait la liberté de M. de Lauzun ; comme
les donations que la princesse lui avait faites en 1671
subsistaient toujours, il fallait qu'il ratifiât les donations faites au duc du Maine et sa ratification
ne pouvait être valable que s'il était en liberté;
mais quant à la parole donnée pour le mariage, on y
manqua sans scrupule. Mademoiselle voulait épouser
publiquement le comte de Lauzun ; le roi se borna à
dire qu'elle pouvait l'épouser en secret, qu'il ferait
semblant de ne pas le savoir. Mademoiselle, reconnut
qu'elle avait été prise pour dupe et, parlant de Madame
de Montespan, elle dit dans ses *Mémoires* : « Comme elle
est plus habile que moi et que la passion qu'elle avoit
d'aller à ses fins pour M. du Maine était moins forte
que celle qui me faisoit agir, elle raisonnoit bien plus de
sang-froid et prenoit plus de mesures pour arriver à ses
fins que moi aux miennes. » La princesse aurait voulu
revenir sur sa donation au duc du Maine ; mais Col-
bert dont l'âpreté pour l'argent était sans bornes, intervint; Baraille, officier aux gardes, que la princesse avait
choisi pour être l'intermédiaire de ses négociations, fut
menacé de la Bastille, et elle dut se soumettre. Madame
de Montespan lui déclara au sujet de son mariage :
« que le roi s'était malheureusement engagé à ne ja-

mais consentir à mon mariage par des lettres qu'il avait écrites aux ambassadeurs dans les pays étrangers (1). » Cette réponse de Madame de Montespan nous ramène à la lettre que nous avons reproduite ; on a pu voir qu'elle ne contenait rien de semblable, elle ne liait le roi vis-à-vis de personne, on trompait Mademoiselle en s'appuyant sur un engagement qui n'existait pas ; encore une fois elle était prise pour dupe.

Mademoiselle tenait à honneur que son mariage fût public, ne voulant pas qu'aucun équivoque pût nuire à sa réputation ; il lui fallut néanmoins se résoudre à ce mariage clandestin. Nous croyons pouvoir en fixer l'époque à ce jour, en l'année 1682, où Lauzun, après s'être longuement promené avec la princesse dans les jardins de Choisy, prit congé d'elle, en lui disant qu'il reviendrait le soir, et la princesse constate avec amertume dans ses *Mémoires* qu'il ne revint pas.

Malheureusement pour elle, Mademoiselle de Montpensier n'avait pas passé par tant d'épreuves et de sacrifices pour aboutir à un bonheur si chèrement acheté. Le comte de Lauzun était volage et ingrat; dès sa sortie de prison, en 1681, il donna à la princesse, aux eaux de Bourbon, où il fut envoyé, des sujets de jalousie dont elle fut charitablement informée ; il continua ses allures légères à Amboise où il subit une sorte d'internement avant d'être autorisé à revenir à Paris, en 1682. Dès qu'il revit la princesse agée de cinquante quatre ans, l'impression qu'il reçut ne fut point celle de continuer un amoureux roman, et il ne songea qu'à ses intérêts avec l'égoïsme le plus outrageant. La princesse lui fit donation du duché de Saint-Fargeau, qui valait vingt-deux mille livres de rente ; de la baronnie de Thiers, qui en valait huit mille ; de dix mille livres de rente à prendre sur les gabelles du Languedoc ; elle lui fit obtenir le remboursement du prix de sa charge de capitaine des gardes, avec les arrérages, mais Lauzun insatiable, grand joueur et grand dissipateur,

---

(1) *Mémoires de Mademoiselle.*

n'en trouvait jamais assez ; il se considérait comme dépouillé des biens de la princesse dont elle lui avait fait don en entier, en 1671, et il aurait voulu qu'au moins elle lui en abandonnât l'administration complète.

En définitive, nous ne saurions dire quelles auraient été les suites du mariage public s'il avait été contracté en 1671 ; mais le mariage secret de 1682, ne fut pas heureux. Nous ne croyons pouvoir mieux terminer cette rapide étude, qu'en reproduisant ce passage des *Mémoires* de Mademoiselle, alors qu'en 1671, elle n'attendait plus que le moment de la célébration du mariage :

« Il se mit après cela (M. de Lauzun) à se dépeindre comme un homme chagrin, colère et emporté ». Je lui répondis : « Je suis toute faite comme vous, ainsi je crois que nous nous battrons souvent et que nous nous raccommoderons de même. Voilà de quoi nous nous entretenions pendant les trois jours que nous attendions le moment d'épouser. »

Le pronostic de Mademoiselle fut vrai pour le commencement, mais elle se trompa pour la fin ; ils se battirent en effet ; mais ils ne se raccommodèrent jamais. Longtemps avant sa mort, la princesse avait cessé de voir Lauzun qui porta pourtant son deuil au grand mécontentement du roi [1].

---

[1] Mademoiselle de Montpensier, née en 1627, mourut en 1693. Le comte de Lauzun, né en 1632, mourut en 1723. Il épousa en secondes noces, en 1695, mademoiselle de Durfort, fille du maréchal de Lorges et sœur de la duchesse de Saint-Simon.

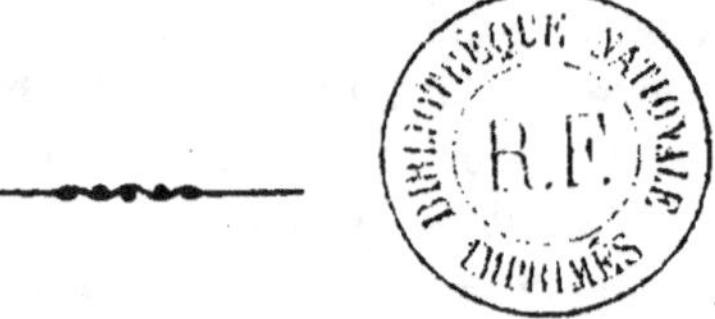

Besançon. — Imp. Dodivers, Grande-Rue, 87.